Deine Nüsse liegen nur faul rum?

inves wie ein TIER.

52 FinanzGedichte
aus 2021

by Frederic Buchheit

*Hinterfrage **Deine** Sicht - per Gedicht!*

by Frederic Buchheit

*Bibliografische Information der Deutschen Nationalbibliothek:
Die Deutsche Nationalbibliothek verzeichnet diese Publikation
in der Deutschen Nationalbibliografie; detaillierte bibliografische
Daten sind im Internet über dnb.dnb.de abrufbar.*

Investier' wie ein Tier 52 FinanzGedichte aus 2021 by Frederic
Buchheit

Copyright © 2022 Frederic Buchheit (@finanzgedichte)

Investier' wie ein Tier by Frederic Buchheit

InvestierWieEinTier@t-online.de

Cover-/Logogestaltung: Frederic Buchheit

Bildnachweis Eichhörnchen Titelseite und ff.:
Cattallina/stock.adobe.com

Herstellung und Verlag: BoD – Books on Demand, Norderstedt

ISBN: 978-3-7557-9986-3

gewidmet meinen Eltern

Christiane

und

Armin

Danke.

A Es kommt drauf an, was Du draus machst

Lieber Freund, liebe Freundin des InvesTierens,

schön, dass Du hier bist! Mein Name ist Frederic. Darf ich Dir meinen Freund Pildi vorstellen? Pildi hat in seinem Eichhörnchen-Leben schon so manche Abenteuer erlebt und dabei viele Erfahrungen mit Nüssen und dem Anlegen bzw. Investieren derselben gesammelt. Seine Denkanstöße will er heute an andere Eichhörnchen - oder die, die es werden
wollen, weitergeben. Wie er es von seinen Nüssen her kennt, hat er diese auch hier natürlich versteckt - und zwar in seinen FinanzGedichten. Die wird er Dir auf den folgenden Seiten zum Besten geben. Du kannst seine FinanzGedichte einfach konsumieren und Dich (hoffentlich) daran erfreuen. Sie haben dann einen reinen Unterhaltungswert. Die eigentliche Intention von Pildi ist jedoch, dass Du Deine Sichtweisen, Einstellungen und ggf. Glaubenssätze in Verbindung mit Nüssen, ich meine natürlich Geld und Finanzen, einmal für Dich selbst reflektierst bzw. hinterfragst. Dazu gibt er Dir zu jedem FinanzGedicht ein paar Fragen an die Hand, die Du unbedingt mit einem Stift notieren solltest. So wirst Du für Dich selbst den größten Wert aus diesem Büchlein ziehen. Der Wert von etwas ist wie so oft abhängig von dem, was Du daraus machst. Beachte, dass sich Pildi trotz seiner Erfahrungen nie anmaßen würde, die absolute Wahrheit (wenn es die gibt) zu kennen. Er will Dich nicht belehren. Pildi weiß, dass er nichts weiß. Sein Ziel ist, andere Eichhörnchen zu animieren, einmal ein paar individuelle Gedanken über ihre Nüsse, Entschuldigung Finanzen, zu verlieren. Daher kann es im Buch auch keine Musterlösungen auf Pildis Fragen geben. Denn schon die Fragen selbst werden individuelle Denkprozesse provozieren - abhängig von Deinen Vorerfahrungen. Entsprechend wird jeder Leser zu seinen eigenen Antworten kommen. **Es kommt eben drauf an, was Du draus machst.** ;)

B Wie funktioniert dieses Büchlein?

Es ist ganz einfach: Pildi wird Dir in den Kapiteln eins bis fünf verschiedene FinanzGedichte präsentieren. Die enthaltenen Kopfnüsse bzw. Denkanstöße sollen Dich - so ist der Plan, hoffentlich zur Selbstreflexion anregen. Deine Gedanken solltest du jeweils auf der Folgeseite *schriftlich* festhalten. Nicht jedes FinanzGedicht ist „ernst" gemeint. Manche dienen evtl. nur der Unterhaltung. Aber das musst du jeweils selbst entscheiden. Wir üben das Ganze einmal anhand des FinanzGedichts auf der *Rückseite* dieses Buches:

Lies es noch einmal durch und komme dann zurück. Prima, da bist du ja wieder! Nimm nun einen Stift zur Hand und entscheide auf der rechten Seite bei a), ob Dir das Gedicht gefallen hat. Setze dazu ein Kreuz irgendwo auf dem Pfeil. Keine Angst, ich schaue weg. Gut gemacht. Die nächsten Denkaufgaben b) bis d) sind selbsterklärend und sollten ihrem Namen alle Ehre machen. Also lass dir ruhig Zeit dabei! Fertig? Super! Am Ende jedes Kapitels wirst du selbiges nochmal Revue passieren lassen und reflektieren, ob sich *„an Deiner Sicht; etwas geändert oder nicht?"* Tipp: Lies nicht mehr als ein Gedicht pro Woche oder eines pro Tag – außer du suchst „nur" Unterhaltung. Optional kannst du den QR-Code scannen, auf dem Pildi bei jedem Gedicht sitzt. Scanne ihn und es öffnet sich das Gedicht auf Instagram. Zu den älteren Gedichten gibt es passende Bilder, die du auch ohne Instagram-Konto sehen solltest. Jede Woche kommen neue FinanzGedichte hinzu. Ansonsten kannst du gerne einen Kommentar hinterlassen, mitdiskutieren oder mir **Deinen Wunschtitel** für das nächste FinanzGedicht schicken! Denn einige Gedichte konnten nur durch die Wünsche der Community in meinem Kopf entstehen. Du erkennst sie am Zusatz „@Accountname"*. An dieser Stelle danke an alle, die mir in 2021 einen Wunschtitel gesendet haben!

---

*Das stellt keine *allgemeine* Empfehlung für den Account bzw. dessen Inhalte dar. Bilde dir stets Deine eigene Meinung und folge nicht blind.

Deine Gedanken zum FinanzGedicht?*

a) Wie hat dir dieses FinanzGedicht gefallen?

gar nicht :-(geht so :-| sehr gut :-D

b) Findest du, dass das Gedicht im passenden Kapitel steht?

O nein, weil...   O ja

_____

_____

c) Was denkst du ist die Botschaft des Gedichts?

O Pildi will sagen, dass...   O es gibt keine

_____

_____

d) Kannst du für Dich und Deine Finanzentscheidungen etwas aus dem Gedicht mitnehmen bzw. lernen?

O ja, und zwar...   O nein

_____

_____

*Sende mir via Instagram gerne Deine Gedanken bzw. Deine Meinung zum FinanzGedicht und/oder diskutiere mit. Scanne dazu den QR-Code, auf dem Pildi sitzt! Geht nicht? Probiere www.instagram.com/finanzgedichte/

Inhaltsverzeichnis

1. Konsumieren

Gehaltserhöhung de Lux - ein FinanzGedicht

Als Schlosser oder als Chirurg;
"Ich schaff' jetzt in Luxembourg!"

Ab jetzt fließt der Cash in Strömen,
daran kann man sich gewöhnen!

Das lange Pendeln macht nichts aus,
der Firmenwagen holt Zeit raus!

Nie mehr auf den Euro schauen,
und erst mal 'ne Villa bauen!

Mit dem Gehalt steigt der Konsum,
nie groß genug ist der Reichtum!

"Nun hab' ich Tausend netto mehr,
nur's Geld ist knapper wie vorher!"

FinanzGedichte, 11.04.2021

QR 1: https://www.instagram.com/p/CNhOj7uhl2u/

Deine Gedanken zum FinanzGedicht?*

a) Wie hat dir dieses FinanzGedicht gefallen?

gar nicht :-(geht so :-| sehr gut :-D

b) Findest du, dass das Gedicht im passenden Kapitel
steht?

    O nein, weil...   O ja

_____

_____

c) Was denkst du ist die Botschaft des Gedichts?

    O Pildi will sagen, dass...   O es gibt keine

_____

_____

d) Kannst du für Dich und Deine Finanzentscheidungen
etwas aus dem Gedicht mitnehmen bzw. lernen?

    O ja, und zwar...   O nein

_____

_____

*Sende mir via Instagram gerne Deine Gedanken bzw. Deine Meinung
zum FinanzGedicht und/oder diskutiere mit. Scanne dazu den QR-
Code, auf dem Pildi sitzt!

Lifestyle-Inflation - ein FinanzGedicht

"Ich leb' gern in Saus und Braus,
diese Villa ist mein Haus!

Wenn ich auf 'ne Party geh',
fahr' ich mit dem AMG!

Hier im Hafen meine Yacht,
mit Schampus für die ganze Nacht!

Ich reise first class um die Welt,
das LV glänzt auf meinem belt!

Meine Assets?! Nur mein Lohn!"
Dies nennt man Lifestyle-Inflation.

FinanzGedichte, 23.05.2021
QR 2: https://www.instagram.com/p/CYLvlNPsvk6/

Deine Gedanken zum FinanzGedicht?*

a) Wie hat dir dieses FinanzGedicht gefallen?

gar nicht :-(geht so :-| sehr gut :-D

b) Findest du, dass das Gedicht im passenden Kapitel steht?

O nein, weil...   O ja

_____

_____

c) Was denkst du ist die Botschaft des Gedichts?

O Pildi will sagen, dass...   O es gibt keine

_____

_____

d) Kannst du für Dich und Deine Finanzentscheidungen etwas aus dem Gedicht mitnehmen bzw. lernen?

O ja, und zwar...   O nein

_____

_____

*Sende mir via Instagram gerne Deine Gedanken bzw. Deine Meinung zum FinanzGedicht und/oder diskutiere mit. Scanne dazu den QR-Code, auf dem Pildi sitzt!

Das Auto - ein FinanzGedicht

Das teure Auto kannst du lenken,
und damit gut dein Geld versenken.

Es bringt dich gar von A nach B,
nur beim Tanken tut es weh.

Öfter kaputt nach ein paar Jahren,
so wird's teurer es zu fahren.

"Es lohnt sich jetzt einfach nicht mehr",
drum muss ein neues Teures her.

Es steht da wie ein Ungeheuer,
ebenso die Mehrwertsteuer.

Aber es wird ja finanziert,
die Steuer sich darin verliert.

Und so schließt sich bald der Kreis,
die Frage ist zu welchem Preis.

FinanzGedichte, 18.11.2021

QR 3: https://www.instagram.com/p/CYMOCOtM13M/

Deine Gedanken zum FinanzGedicht?*

a) Wie hat dir dieses FinanzGedicht gefallen?

gar nicht :-(geht so :-| sehr gut :-D

b) Findest du, dass das Gedicht im passenden Kapitel steht?

O nein, weil...   O ja

_____

_____

c) Was denkst du ist die Botschaft des Gedichts?

O Pildi will sagen, dass...   O es gibt keine

_____

_____

d) Kannst du für Dich und Deine Finanzentscheidungen etwas aus dem Gedicht mitnehmen bzw. lernen?

O ja, und zwar...   O nein

_____

_____

*Sende mir via Instagram gerne Deine Gedanken bzw. Deine Meinung zum FinanzGedicht und/oder diskutiere mit. Scanne dazu den QR-Code, auf dem Pildi sitzt!

Streit ums Geld - ein FinanzGedicht

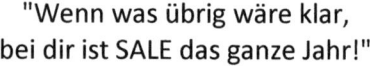

Olaf schimpft mit seiner Frau,
"Du gibst Geld aus wie 'ne Sau!"

"Nicht schon wieder Mannomann,
du legst es auf dem Sparbuch an!"

"Wenn was übrig wäre klar,
bei dir ist SALE das ganze Jahr!"

"Hast du noch immer nicht kapiert,
dass es dort nur weniger wird!?"

"Olaf stopp das Lamentieren;
lass uns gemeinsam investieren!"

Und Jahre später lebten sie,
so unbeschwert wie sonst noch nie...

FinanzGedichte, 24.06.2021
QR 4: https://www.instagram.com/p/CSv7SNMsIsh/

20

Deine Gedanken zum FinanzGedicht?*

a) Wie hat dir dieses FinanzGedicht gefallen?

gar nicht :-(geht so :-| sehr gut :-D

b) Findest du, dass das Gedicht im passenden Kapitel steht?

O nein, weil...   O ja

_____

_____

c) Was denkst du ist die Botschaft des Gedichts?

O Pildi will sagen, dass...   O es gibt keine

_____

_____

d) Kannst du für Dich und Deine Finanzentscheidungen etwas aus dem Gedicht mitnehmen bzw. lernen?

O ja, und zwar...   O nein

_____

_____

*Sende mir via Instagram gerne Deine Gedanken bzw. Deine Meinung zum FinanzGedicht und/oder diskutiere mit. Scanne dazu den QR-Code, auf dem Pildi sitzt!

Das Geld und ich - ein FinanzGedicht

Es so manchem nicht gefällt,
dass das Geld regiert die Welt.

Oft sind es, die sich so beklagen,
die davon zu wenig haben.

Bei Mangel lernst du es nicht lieben,
du fühlst dich unfrei und getrieben.

Zuerst, auch wenn es dir schwer fällt,
hinterfrage Dein Weltbild zu Geld.

Das gute Geld ist Halt und Freiheit,
plus konservierte Lebenszeit.

So sammle Geld nicht Geldes wegen,
sondern um unabhängig frei zu leben.

Bald sagst du dann am Frühstückstisch:
"Das Geld regiert - aber nicht mich."

FinanzGedichte, 01.08.2021
Gedichtswunsch von @cing.finance
QR 5: https://www.instagram.com/p/CSBhHFwMtOK/

Deine Gedanken zum FinanzGedicht?*

a) Wie hat dir dieses FinanzGedicht gefallen?

gar nicht :-(geht so :-| sehr gut :-D

b) Findest du, dass das Gedicht im passenden Kapitel steht?

O nein, weil...   O ja

_____

_____

c) Was denkst du ist die Botschaft des Gedichts?

O Pildi will sagen, dass...   O es gibt keine

_____

_____

d) Kannst du für Dich und Deine Finanzentscheidungen etwas aus dem Gedicht mitnehmen bzw. lernen?

O ja, und zwar...   O nein

_____

_____

*Sende mir via Instagram gerne Deine Gedanken bzw. Deine Meinung zum FinanzGedicht und/oder diskutiere mit. Scanne dazu den QR-Code, auf dem Pildi sitzt!

23

Investmentpornografie - ein FinanzGedicht

Du willst Investmentpornos dreh'n?
Börsenhefte liefern dir Ideen!

Denn das beste aller Mittel,
ist stets ein guter Porno-Titel!

"Jetzt Top Aktien billig kaufen!"
"Diese sind erst warm gelaufen!"

"So verdoppeln sie ihr Geld in kurzer Zeit!"
"Diese Hot Stocks kaufen oder es tut Ihnen leid!"

"MEGA Gewinne ohne Ende!"
"30000% und hoch die Hände!"

"Bis zu einhundert Prozent Gewinn,
sind mit diesen Aktien untet 3 € drin!"

"9 Spätzünder, die jetzt starten!"
"Nur die geilsten Aktien kommen in den Garten!"

FinanzGedichte, 28.10.2021
Gedichtswunsch von @boersenpoetin
QR 6: https://www.instagram.com/p/CYBmHmfMcx8/

Deine Gedanken zum FinanzGedicht?*

a) Wie hat dir dieses FinanzGedicht gefallen?

gar nicht :-(geht so :-| sehr gut :-D

b) Findest du, dass das Gedicht im passenden Kapitel steht?

O nein, weil...   O ja

_____

_____

c) Was denkst du ist die Botschaft des Gedichts?

O Pildi will sagen, dass...   O es gibt keine

_____

_____

d) Kannst du für Dich und Deine Finanzentscheidungen etwas aus dem Gedicht mitnehmen bzw. lernen?

O ja, und zwar...   O nein

_____

_____

*Sende mir via Instagram gerne Deine Gedanken bzw. Deine Meinung zum FinanzGedicht und/oder diskutiere mit. Scanne dazu den QR-Code, auf dem Pildi sitzt!

Der König - ein FinanzGedicht

Es war einmal ein König,
der verdiente viel gewöhnlich.

Durch Zölle und den Zehnt,
sein Einkommen ausgedehnt.

Doch er frönte gern dem Prunk,
verfiel dem Golde und dem Trunk.

So bei der nächsten Krise,
sein Reich in großer Miese.

Als Retter kam recht fröhlich,
scheinbar armer Nachbarskönig.

So trügt sehr oft der Schein,
bei Königen nicht allein.

FinanzGedichte, 07.11.2021

QR 7: https://www.instagram.com/p/CYEH9AtsQ-2/

Deine Gedanken zum FinanzGedicht?*

a) Wie hat dir dieses FinanzGedicht gefallen?

gar nicht :-(geht so :-| sehr gut :-D

b) Findest du, dass das Gedicht im passenden Kapitel steht?

O nein, weil...   O ja

_____

_____

c) Was denkst du ist die Botschaft des Gedichts?

O Pildi will sagen, dass...   O es gibt keine

_____

_____

d) Kannst du für Dich und Deine Finanzentscheidungen etwas aus dem Gedicht mitnehmen bzw. lernen?

O ja, und zwar...   O nein

_____

_____

*Sende mir via Instagram gerne Deine Gedanken bzw. Deine Meinung zum FinanzGedicht und/oder diskutiere mit. Scanne dazu den QR-Code, auf dem Pildi sitzt!

27

Das Eigenheim - ein FinanzGedicht

Für die meisten gilt das Eigenheim,
für das traute Glück allein.

Das Problem am eig'nen Heime,
der Weg dorthin meist voller Steine.

Wer die Wahl hat, hat die Qual,
plus oft zu wenig Kapital.

Vielen vergeht dabei das Grinsen,
wenig helfen Niedrigzinsen.

Manchmal auf Kante finanziert,
der Hals bis oben zugeschnürt.

So achtet, wer's Haus finanziert,
ob er selbes dabei nicht riskiert.

FinanzGedichte, 11.11.2021

QR 8: https://www.instagram.com/p/CYGnEDssvOQ/

Deine Gedanken zum FinanzGedicht?*

a) Wie hat dir dieses FinanzGedicht gefallen?

gar nicht :-(geht so :-| sehr gut :-D

b) Findest du, dass das Gedicht im passenden Kapitel steht?

O nein, weil...   O ja

_____

_____

c) Was denkst du ist die Botschaft des Gedichts?

O Pildi will sagen, dass...   O es gibt keine

_____

_____

d) Kannst du für Dich und Deine Finanzentscheidungen etwas aus dem Gedicht mitnehmen bzw. lernen?

O ja, und zwar...   O nein

_____

_____

*Sende mir via Instagram gerne Deine Gedanken bzw. Deine Meinung zum FinanzGedicht und/oder diskutiere mit. Scanne dazu den QR-Code, auf dem Pildi sitzt!

29

Der Geldbeutel - ein FinanzGedicht

Gibst du stets mehr aus als rein,
wird dein Beutel bald leer sein.

Statt nur einen Zehnt zu sparen,
bezahlst du andere für Waren.

Beim Geldverleiher trittst du dann,
im Hamsterrad gegen Zinsen an.

So bevor du andere ernährst,
bezahle immer dich zuerst.

FinanzGedichte, 01.04.2021

QR 9: https://www.instagram.com/p/CNHaPDonwHm/

Deine Gedanken zum FinanzGedicht?*

a) Wie hat dir dieses FinanzGedicht gefallen?

gar nicht :-(geht so :-| sehr gut :-D

b) Findest du, dass das Gedicht im passenden Kapitel steht?

    O nein, weil...   O ja

_____

_____

c) Was denkst du ist die Botschaft des Gedichts?

    O Pildi will sagen, dass...   O es gibt keine

_____

_____

d) Kannst du für Dich und Deine Finanzentscheidungen etwas aus dem Gedicht mitnehmen bzw. lernen?

    O ja, und zwar...   O nein

_____

_____

*Sende mir via Instagram gerne Deine Gedanken bzw. Deine Meinung zum FinanzGedicht und/oder diskutiere mit. Scanne dazu den QR-Code, auf dem Pildi sitzt!

"An diese Trauben da oben,
komm' ich einfach nicht ran,
verglichen mit jenen am Boden,
es eh nicht süß schmecken kann!"

"Woher willst du nur wissen,
dass die Hochtrauben sauer?
Ist's wie in der Fabel von Aesop,
nur DEINE Schutzmauer?"

Das Gefühl mich beschleicht,
du dich selbst belügst,
weil was DICH nicht erreicht,
du als sauer verfügst.

Lehnst du Reichtum als Süße,
seiner selbst wegen ab,
oder ist's Ausrede dafür,
dass die Optionen zu knapp?

FinanzGedichte, 20.12.2021

QR 10: https://www.instagram.com/p/CXttLebsmoo/

Deine Gedanken zum FinanzGedicht?*

a) Wie hat dir dieses FinanzGedicht gefallen?

gar nicht :-(geht so :-| sehr gut :-D

b) Findest du, dass das Gedicht im passenden Kapitel steht?

      O nein, weil...   O ja

_____

_____

c) Was denkst du ist die Botschaft des Gedichts?

      O Pildi will sagen, dass...   O es gibt keine

_____

_____

d) Kannst du für Dich und Deine Finanzentscheidungen etwas aus dem Gedicht mitnehmen bzw. lernen?

      O ja, und zwar...   O nein

_____

_____

*Sende mir via Instagram gerne Deine Gedanken bzw. Deine Meinung zum FinanzGedicht und/oder diskutiere mit. Scanne dazu den QR-Code, auf dem Pildi sitzt!

Schenken was bleibt - ein FinanzGedicht

Viele Menschen tun sich schwer:
"Was schenken dieses Jahr nunmehr?"

Sie zerbrechen sich den Kopf:
"Ob Geld, Parfum, der 10. Topf?"

Überflüssig oder ein Traum,
Hauptsache es liegt unter'm Baum.

Leider erhält der so Bescherte,
keine im Hirn bleibenden Werte.

Jenem vielleicht auch gefällt,
was Wert steigert oder hält.

So ist was bleibt auch schnell umrissen:
Erlebnisse - sowie jede Form von Wissen.

FinanzGedichte, 23.12.2021

QR 11: https://www.instagram.com/p/CX1f87usV9L/

Deine Gedanken zum FinanzGedicht?*

a) Wie hat dir dieses FinanzGedicht gefallen?

gar nicht :-(geht so :-| sehr gut :-D

b) Findest du, dass das Gedicht im passenden Kapitel steht?

    O nein, weil...   O ja

_____

_____

c) Was denkst du ist die Botschaft des Gedichts?

    O Pildi will sagen, dass...   O es gibt keine

_____

_____

d) Kannst du für Dich und Deine Finanzentscheidungen etwas aus dem Gedicht mitnehmen bzw. lernen?

    O ja, und zwar...   O nein

_____

_____

*Sende mir via Instagram gerne Deine Gedanken bzw. Deine Meinung zum FinanzGedicht und/oder diskutiere mit. Scanne dazu den QR-Code, auf dem Pildi sitzt!

Deine Sicht auf Kapitel 1?

a) Welches Gedicht aus *diesem* Kapitel hat dir am besten gefallen?

Titel: _____

weil... _____

b) Wie würdest du einem Kind den Begriff „Konsumieren" erklären?

Konsumieren ist, _____

_____

_____

c) Hat sich **Deine** Sicht im Bereich Konsumieren durch das Kapitel in irgendeinem Punkt verändert?

    O ja, und zwar...   O nein

_____

_____

_____

d) Zeichne mithilfe von Pildi hier ein eigenes, kleines Bild zum Thema „Konsumieren"!

2. Akkumulieren

Spar dich arm - ein FinanzGedicht

Rückwärtssparen leicht gemacht,
hiermit schnell ums Geld gebracht:

Lass alles auf dem Konto liegen,
das lockt Inflation samt Fliegen.

Schließe 'nen Bausparvertrag,
dein Banker dich dann lieber mag.

Wem's Armsparen nicht gelungen,
geht zu den Versicherungen.

Staatlich gefördert Miesen machen,
Riestern und vor Schmerzen lachen.

Wem sein Geld so garnicht lieb,
geht gleich zum Strukturvertrieb.

Spar dich arm und sei nicht so,
Dein Geld ist ja nur anderswo!

FinanzGedichte, 20.06.2021
QR 12: https://www.instagram.com/p/CYJSfBVs1of/

Deine Gedanken zum FinanzGedicht?*

a) Wie hat dir dieses FinanzGedicht gefallen?

gar nicht :-(geht so :-| sehr gut :-D

b) Findest du, dass das Gedicht im passenden Kapitel steht?

O nein, weil...   O ja

_____

_____

c) Was denkst du ist die Botschaft des Gedichts?

O Pildi will sagen, dass...   O es gibt keine

_____

_____

d) Kannst du für Dich und Deine Finanzentscheidungen etwas aus dem Gedicht mitnehmen bzw. lernen?

O ja, und zwar...   O nein

_____

_____

*Sende mir via Instagram gerne Deine Gedanken bzw. Deine Meinung zum FinanzGedicht und/oder diskutiere mit. Scanne dazu den QR-Code, auf dem Pildi sitzt!

Sparplan oder arm dran - ein FinanzGedicht

Du vertraust auf Vater Staat,
wie der Bauer auf die Saat.

Du verlässt dich auf die Rente,
wie die Zeitung auf die Ente.

Du glaubst an Versicherungen,
wie die Taucher an die Lungen.

Du hoffst rein auf Gottes Gnaden,
wie die Mücken auf die Fladen.

Statt dem Hoffen und dem Trauen,
kannst du nur dich selbst erbauen.

So spar' und investier' mit Plan,
dann bist du später nicht arm dran.

FinanzGedichte, 04.07.2021
Gedichtswunsch von @aktien_bizeps

QR 13: https://www.instagram.com/p/CQ5Z38rnJYE/

Deine Gedanken zum FinanzGedicht?*

a) Wie hat dir dieses FinanzGedicht gefallen?

gar nicht :-(geht so :-| sehr gut :-D

b) Findest du, dass das Gedicht im passenden Kapitel steht?

　　　　O nein, weil...   O ja

_____

_____

c) Was denkst du ist die Botschaft des Gedichts?

　　　　O Pildi will sagen, dass...   O es gibt keine

_____

_____

d) Kannst du für Dich und Deine Finanzentscheidungen etwas aus dem Gedicht mitnehmen bzw. lernen?

　　　　O ja, und zwar...   O nein

_____

_____

*Sende mir via Instagram gerne Deine Gedanken bzw. Deine Meinung zum FinanzGedicht und/oder diskutiere mit. Scanne dazu den QR-Code, auf dem Pildi sitzt!

Das Finanzdilemma - ein FinanzGedicht

Viele Frau'n und viele Männer,
stehen vorm Finanzdilemma:

Durch Corona in der Welt,
stapelt sich zuhaus das Geld.

Der Blick auf's Konto bringt ein Grinsen,
nur gibt's höchstens Minuszinsen.

Und so nagt am Rest vom Lohn,
zudem noch die Inflation.

Will man also nichts riskieren,
wird man garantiert verlieren.

So ist recht schnell kalkuliert;
wer nicht investiert verliert.

FinanzGedichte, 18.07.2021
Gedichtswunsch von @sparkatze_boersentiger

QR 14: https://www.instagram.com/p/CRdj90fHv_A/

Deine Gedanken zum FinanzGedicht?*

a) Wie hat dir dieses FinanzGedicht gefallen?

gar nicht :-(geht so :-| sehr gut :-D

b) Findest du, dass das Gedicht im passenden Kapitel steht?

    O nein, weil...   O ja

_____

_____

c) Was denkst du ist die Botschaft des Gedichts?

    O Pildi will sagen, dass...   O es gibt keine

_____

_____

d) Kannst du für Dich und Deine Finanzentscheidungen etwas aus dem Gedicht mitnehmen bzw. lernen?

    O ja, und zwar...   O nein

_____

_____

*Sende mir via Instagram gerne Deine Gedanken bzw. Deine Meinung zum FinanzGedicht und/oder diskutiere mit. Scanne dazu den QR-Code, auf dem Pildi sitzt!

Die Versicherung - ein FinanzGedicht

Der Vertreter strahlt und kichert:
Kunde unter-/unversichert.

Falls Vertreter quatscht nur Dung,
herrscht Überversicherung.

Wenn der Makler nur noch plärrt,
ist er leicht verunsichert.

Lass dich gar nicht irritieren,
tu einfach nüchtern reflektieren:

Sicher kannst du dir nie sein,
das Risiko mal groß, mal klein.

Versicherungen brauchst du dann,
wenn's dich ruinieren kann.

FinanzGedichte, 26.08.2021
Gedichtswunsch von @bookoffinance

QR 15: https://www.instagram.com/p/CTB0AB5MRnd/

Deine Gedanken zum FinanzGedicht?*

a) Wie hat dir dieses FinanzGedicht gefallen?

gar nicht :-(geht so :-| sehr gut :-D

b) Findest du, dass das Gedicht im passenden Kapitel steht?

O nein, weil...   O ja

_____

_____

c) Was denkst du ist die Botschaft des Gedichts?

O Pildi will sagen, dass...   O es gibt keine

_____

_____

d) Kannst du für Dich und Deine Finanzentscheidungen etwas aus dem Gedicht mitnehmen bzw. lernen?

O ja, und zwar...   O nein

_____

_____

*Sende mir via Instagram gerne Deine Gedanken bzw. Deine Meinung zum FinanzGedicht und/oder diskutiere mit. Scanne dazu den QR-Code, auf dem Pildi sitzt!

Die Inflation - ein FinanzGedicht

Die Inflation springt wieder an,
viel weniger ich kaufen kann!

Das Geld für meinen Gartenzaun,
langt für einmal um den Baum.

Das Ersparte für das Haus,
gibt 'nen Keller - plus 'ne Maus.

Auch mein Geld für den Frisör,
reicht nur für das Pony mehr.

Nach dem Fuffi für den Diesel,
muss ich schleichen wie ein Wiesel.

So mit der Inflation und Zeit,
kommste immer weniger weit.

FinanzGedichte, 02.09.2021

QR 16: https://www.instagram.com/p/CTTijw0DB-D/

Deine Gedanken zum FinanzGedicht?*

a) Wie hat dir dieses FinanzGedicht gefallen?

gar nicht :-(geht so :-| sehr gut :-D

b) Findest du, dass das Gedicht im passenden Kapitel steht?

      O nein, weil...   O ja

_____

_____

c) Was denkst du ist die Botschaft des Gedichts?

      O Pildi will sagen, dass...   O es gibt keine

_____

_____

d) Kannst du für Dich und Deine Finanzentscheidungen etwas aus dem Gedicht mitnehmen bzw. lernen?

      O ja, und zwar...   O nein

_____

_____

*Sende mir via Instagram gerne Deine Gedanken bzw. Deine Meinung zum FinanzGedicht und/oder diskutiere mit. Scanne dazu den QR-Code, auf dem Pildi sitzt!

Der Garantiezins - ein FinanzGedicht

Der Garantiezins ist so gut wie tot,
denn die Versich'rer sind in Not.

Die Politik hat darauf reagiert;
den Rechnungszins fein filetiert.

2022 wird's etwa auf ne Leben,
noch 0,25 Prozent Zinsen geben.

Und mit der Beitrags"garantie",
ist das so schädlich wie noch nie.

So lässt sich prima rückwärts sparen,
und per Inflation verarmen.

Nun lockt man dich zum Altvertrage;
trenn' Versichern stets von Geldanlage.

FinanzGedichte, 09.09.2021
Gedichtswunsch von
@financehandmade / @meistermakler

QR 17: https://www.instagram.com/p/CTmVuHUsgs4/

Deine Gedanken zum FinanzGedicht?*

a) Wie hat dir dieses FinanzGedicht gefallen?

gar nicht :-(geht so :-| sehr gut :-D

b) Findest du, dass das Gedicht im passenden Kapitel steht?

O nein, weil...   O ja

_____

_____

c) Was denkst du ist die Botschaft des Gedichts?

O Pildi will sagen, dass...   O es gibt keine

_____

_____

d) Kannst du für Dich und Deine Finanzentscheidungen etwas aus dem Gedicht mitnehmen bzw. lernen?

O ja, und zwar...   O nein

_____

_____

*Sende mir via Instagram gerne Deine Gedanken bzw. Deine Meinung zum FinanzGedicht und/oder diskutiere mit. Scanne dazu den QR-Code, auf dem Pildi sitzt!

Eltern - ein FinanzGedicht

Ob's dir, oder nicht gefällt,
von Eltern kommt dein Bild zu Geld.

Ist dieses kühl, gar grau gemalt,
wird das Geld mit Zeit bezahlt.

Wirkt es bedrohlich dunkelrot,
rührt's von finanzieller Not.

Leuchtet's jedoch in einer Eck,
ist das Geld Mittel zum Zweck.

Siehst du darauf Spur'n von Tieren,
dient Geld auch dem Investieren.

Glänzt es sogar in warmen Tönen,
lässt Freiheit sich vom Geld verwöhnen.

Da nicht alle Eltern Plan von Farben,
solltest du früh dein eig'nes malen.

FinanzGedichte, 16.10.2021
Gedichtswunsch von @81aktiendepot

QR 18: https://www.instagram.com/p/CYJsdTRMCvM/

Deine Gedanken zum FinanzGedicht?*

a) Wie hat dir dieses FinanzGedicht gefallen?

gar nicht :-(geht so :-| sehr gut :-D

b) Findest du, dass das Gedicht im passenden Kapitel steht?

O nein, weil...   O ja

_____

_____

c) Was denkst du ist die Botschaft des Gedichts?

O Pildi will sagen, dass...   O es gibt keine

_____

_____

d) Kannst du für Dich und Deine Finanzentscheidungen etwas aus dem Gedicht mitnehmen bzw. lernen?

O ja, und zwar...   O nein

_____

_____

*Sende mir via Instagram gerne Deine Gedanken bzw. Deine Meinung zum FinanzGedicht und/oder diskutiere mit. Scanne dazu den QR-Code, auf dem Pildi sitzt!

staatlich gefördert - ein FinanzGedicht

Beim "Berater" darf man oft erfahren,
"hiermit kannst du Steuern sparen."

Außerdem ist schnell erörtert,
welch' Produkt der Staat noch fördert.

Für wen das Ganze dann rentiert,
ist in den Kosten kalkuliert.

Doch Kunde träumt vom Steuern sparen,
will nicht weiter nach den Kosten fragen.

Wer nachschaut fragt leicht irritiert:
"Wer hier eigentlich gefördert wird?"

Am Ende lohnt's für jeden Part,
außer für den, der Steuern "spart".

FinanzGedichte, 05.04.2021

QR 19: https://www.instagram.com/p/CNRuEyhhQQR/

Deine Gedanken zum FinanzGedicht?*

a) Wie hat dir dieses FinanzGedicht gefallen?

gar nicht :-(geht so :-| sehr gut :-D

b) Findest du, dass das Gedicht im passenden Kapitel steht?

　　　　O nein, weil...　　　　　　　　O ja

_____

_____

c) Was denkst du ist die Botschaft des Gedichts?

　　　　O Pildi will sagen, dass...　　　O es gibt keine

_____

_____

d) Kannst du für Dich und Deine Finanzentscheidungen etwas aus dem Gedicht mitnehmen bzw. lernen?

　　　　O ja, und zwar...　　　　　　　O nein

_____

_____

*Sende mir via Instagram gerne Deine Gedanken bzw. Deine Meinung zum FinanzGedicht und/oder diskutiere mit. Scanne dazu den QR-Code, auf dem Pildi sitzt!

Der Steuerberater - ein FinanzGedicht

Zahlen kann er meist addieren,
oder damit gut jonglieren.

"Beraten" will er dich derart,
dass er dir X Euro spart.

BTC-Verkauf nicht steuerbar?
Das erscheint ihm sonderbar.

Berater dich im Zwirn betört,
nur von 'ner Holding nie gehört.

Gestaltung VvGmbH,
ist für ihn nicht praxisnah.

Soll er nun für dich gestalten,
oder Zahlen nur verwalten?

Im ersten Fall hilft er nur dann,
wenn er Steuern steuern kann!

FinanzGedichte, 22.04.2021

QR 20: https://www.instagram.com/p/CN9_kouBQ7E/

Deine Gedanken zum FinanzGedicht?*

a) Wie hat dir dieses FinanzGedicht gefallen?

gar nicht :-(geht so :-| sehr gut :-D

b) Findest du, dass das Gedicht im passenden Kapitel steht?

O nein, weil...   O ja

_____

_____

c) Was denkst du ist die Botschaft des Gedichts?

O Pildi will sagen, dass...   O es gibt keine

_____

_____

d) Kannst du für Dich und Deine Finanzentscheidungen etwas aus dem Gedicht mitnehmen bzw. lernen?

O ja, und zwar...   O nein

_____

_____

*Sende mir via Instagram gerne Deine Gedanken bzw. Deine Meinung zum FinanzGedicht und/oder diskutiere mit. Scanne dazu den QR-Code, auf dem Pildi sitzt!

Der Anlage-Berater - ein FinanzGedicht

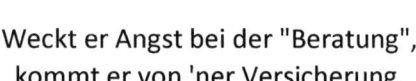

Berater gibt es noch und nöcher,
beim Geld verlassen sie die Löcher.

Ist er "ein Freund" und hat dich lieb,
verkauft er im Strukturvertrieb.

Weckt er Angst bei der "Beratung",
kommt er von 'ner Versicherung.

Dein Banker im Verhältnis nett,
wie seine Provision ist fett.

Berät man dich auf Honorar,
wird's oft besser, das ist wahr.

Nur wer Beratern blind vertraut,
wird beraten und verdaut.

"Am besten ist", predigt der Pater,
"DU wirst Dein eigener Berater!"

FinanzGedichte, 21.05.2021
Gedichtswunsch von @tob_weiss

QR 21: https://www.instagram.com/p/CPIyy1PtqLG/

56

Deine Gedanken zum FinanzGedicht?*

a) Wie hat dir dieses FinanzGedicht gefallen?

gar nicht :-(geht so :-| sehr gut :-D

b) Findest du, dass das Gedicht im passenden Kapitel steht?

      O nein, weil...   O ja

_____

_____

c) Was denkst du ist die Botschaft des Gedichts?

      O Pildi will sagen, dass...   O es gibt keine

_____

_____

d) Kannst du für Dich und Deine Finanzentscheidungen etwas aus dem Gedicht mitnehmen bzw. lernen?

      O ja, und zwar...   O nein

_____

_____

*Sende mir via Instagram gerne Deine Gedanken bzw. Deine Meinung zum FinanzGedicht und/oder diskutiere mit. Scanne dazu den QR-Code, auf dem Pildi sitzt!

Deine Sicht auf Kapitel 2?

a) Welches Gedicht aus *diesem* Kapitel hat dir am besten gefallen?

Titel: _____

weil... _____

b) Wie würdest du einem Kind den Begriff „Akkumulieren" erklären?

Akkumulieren ist, _____

_____

_____

c) Hat sich **Deine** Sicht im Bereich Akkumulieren durch das Kapitel in irgendeinem Punkt verändert?

     O ja, und zwar...   O nein

_____

_____

_____

d) Zeichne mithilfe von Pildi hier ein eigenes, kleines Bild zum Thema „Akkumulieren"!

3. Lamentieren

Arm Reich Arm - ein FinanzGedicht

In Armut bist du groß geworden,
hast's geschafft für dich zu sorgen.

Durch harte Arbeit wirst du dann,
im ganzen Block der reichste Mann.

Du verdienst - jedem ist's klar,
je Monat wie and're im Jahr.

Frau und Kinder sind auf Wolke sieben,
und eigentlich auch ganz zufrieden.

Die Gegend nur passt nicht mehr ganz,
ihr zieht zum Block der Hochfinanz.

Vorher Nachbars größter Schwarm,
fühlt euch nun wieder bettelarm.

Es fühlt sich an wie selbstbetrogen,
und das Glück scheint wie verflogen.

Merke; Ob du dich reich fühlst oder arm,
bestimmt dein Umfeld und sein Charme.

FinanzGedichte, 29.04.2021

QR 22: https://www.instagram.com/p/COPEH7uBa6M/

Deine Gedanken zum FinanzGedicht?*

a) Wie hat dir dieses FinanzGedicht gefallen?

gar nicht :-(　　　　　　geht so :-|　　　　　　sehr gut :-D

b) Findest du, dass das Gedicht im passenden Kapitel steht?

O nein, weil...　　　　　　　　O ja

_____

_____

c) Was denkst du ist die Botschaft des Gedichts?

O Pildi will sagen, dass...　　　O es gibt keine

_____

_____

d) Kannst du für Dich und Deine Finanzentscheidungen etwas aus dem Gedicht mitnehmen bzw. lernen?

O ja, und zwar...　　　　　　　O nein

_____

_____

*Sende mir via Instagram gerne Deine Gedanken bzw. Deine Meinung zum FinanzGedicht und/oder diskutiere mit. Scanne dazu den QR-Code, auf dem Pildi sitzt!

Geld für Zeit - ein FinanzGedicht

Deine Arbeit deine Welt?
Du tauschst deine Zeit für Geld.

So frage dich ganz unbeschwert;
ist der Tausch das Ganze wert?

Falls nicht - keine Zeit verlieren,
beginne mit dem Investieren!

Denn entgegen allen Trends,
sind Zins und Zeit hier Deine friends.

So kommt es irgendwann so weit:
Du tauschst Geld für Deine Zeit.

FinanzGedichte, 18.04.2021

QR 23: https://www.instagram.com/p/CNzOfpQBOX5/

Deine Gedanken zum FinanzGedicht?*

a) Wie hat dir dieses FinanzGedicht gefallen?

gar nicht :-(geht so :-| sehr gut :-D

b) Findest du, dass das Gedicht im passenden Kapitel steht?

O nein, weil...   O ja

_____

_____

c) Was denkst du ist die Botschaft des Gedichts?

O Pildi will sagen, dass...   O es gibt keine

_____

_____

d) Kannst du für Dich und Deine Finanzentscheidungen etwas aus dem Gedicht mitnehmen bzw. lernen?

O ja, und zwar...   O nein

_____

_____

*Sende mir via Instagram gerne Deine Gedanken bzw. Deine Meinung zum FinanzGedicht und/oder diskutiere mit. Scanne dazu den QR-Code, auf dem Pildi sitzt!

Das Pareto-Prinzip - ein FinanzGedicht

20 Prozent Zeit,
80 Prozent Ertrag,
ein Fünftel hat's Land,
der Rest Pachtvertrag.

Ein Fünftel der Kunden,
setzt 80 Prozent um,
80 von 100 schaffen,
der Rest steht rum.

2 von 10 Freunden,
"kosten" 80 Prozent Zeit,
8 von 10 träumen,
der Rest weiß Bescheid.

Das reichste Fünftel,
80 Prozent am Vermögen,
gehörst du zum Fünftel,
8 von 10 dich nicht mögen.

FinanzGedichte, 06.06.2021

QR 24: https://www.instagram.com/p/CPxMfqbn7cr/

Deine Gedanken zum FinanzGedicht?*

a) Wie hat dir dieses FinanzGedicht gefallen?

gar nicht :-(geht so :-| sehr gut :-D

b) Findest du, dass das Gedicht im passenden Kapitel steht?

      O nein, weil...   O ja

_____

_____

c) Was denkst du ist die Botschaft des Gedichts?

      O Pildi will sagen, dass...   O es gibt keine

_____

_____

d) Kannst du für Dich und Deine Finanzentscheidungen etwas aus dem Gedicht mitnehmen bzw. lernen?

      O ja, und zwar...   O nein

_____

_____

*Sende mir via Instagram gerne Deine Gedanken bzw. Deine Meinung zum FinanzGedicht und/oder diskutiere mit. Scanne dazu den QR-Code, auf dem Pildi sitzt!

Abgeltungssteuer - ein FinanzGedicht

Kennst du das böse Ungeheuer?
Sie nennen es "Abgeltungssteuer".

Es schwimmt unter dem Radar,
doch alle wissen: "Es ist da!"

Es ist eiskalt und gnadenlos,
Dividenden frisst es rigoros!

Beim letzten Dividendentag,
riss es ein Viertel vom Ertrag!

Kann man es denn nicht erlegen?
Es ist unsterblich - nie im Leben!

Es jagt wohl nur die fette Beute,
bis 801,- verschont's die Leute.

Dann umgehe ich's mit einer List:
Wo nix kommt auch nix zu reißen ist!

FinanzGedichte, 22.05.2021
Gedichtswunsch von @nicila23

QR 25: https://www.instagram.com/p/CPLJz2iNaHQ/

Deine Gedanken zum FinanzGedicht?*

a) Wie hat dir dieses FinanzGedicht gefallen?

gar nicht :-(geht so :-| sehr gut :-D

b) Findest du, dass das Gedicht im passenden Kapitel steht?

O nein, weil...   O ja

_____

_____

c) Was denkst du ist die Botschaft des Gedichts?

O Pildi will sagen, dass...   O es gibt keine

_____

_____

d) Kannst du für Dich und Deine Finanzentscheidungen etwas aus dem Gedicht mitnehmen bzw. lernen?

O ja, und zwar...   O nein

_____

_____

*Sende mir via Instagram gerne Deine Gedanken bzw. Deine Meinung zum FinanzGedicht und/oder diskutiere mit. Scanne dazu den QR-Code, auf dem Pildi sitzt!

Crashprophet - ein FinanzGedicht

Ich prophezeie euch den Crash,
wer's nicht glaubt hat später Pech!

Es kommt der größte Crash von allen,
dein Vermögen wird zerfallen!

Der größte Raubzug der Geschichte,
macht alles was du hast zunichte!

Doch fürchtet euch nicht allzu arg,
die Erlösung ich euch bringen mag!

Ich führ' euch ins gelobte Land,
kauft und nehmt mein Buch zur Hand!

Für des Crashgotts Opfergaben,
kauft jetzt meine Fondsanlagen!

So hüte dich vor den Propheten,
sie kosten dich deine Moneten.

FinanzGedichte, 11.07.2021

QR 26: https://www.instagram.com/p/CRLeytFnG9w/

68

Deine Gedanken zum FinanzGedicht?*

a) Wie hat dir dieses FinanzGedicht gefallen?

gar nicht :-(　　　　　geht so :-|　　　　　sehr gut :-D

b) Findest du, dass das Gedicht im passenden Kapitel steht?

　　　　O nein, weil...　　　　　O ja

_____

_____

c) Was denkst du ist die Botschaft des Gedichts?

　　　　O Pildi will sagen, dass...　　　　O es gibt keine

_____

_____

d) Kannst du für Dich und Deine Finanzentscheidungen etwas aus dem Gedicht mitnehmen bzw. lernen?

　　　　O ja, und zwar...　　　　　O nein

_____

_____

*Sende mir via Instagram gerne Deine Gedanken bzw. Deine Meinung zum FinanzGedicht und/oder diskutiere mit. Scanne dazu den QR-Code, auf dem Pildi sitzt!

Politik und Geldanlage - ein FinanzGedicht

Politik und Geldanlage,
sind in Deutschland eine Plage.

Langfristig wird nicht gedacht,
in Schweden man darüber lacht.

Hier setzt man alles auf die Rente,
und füttert gern die Riester-Ente.

Nur die ganze Förderung,
hilft rein der Versicherung.

Falls vom Lohn was über ist.
die Sparbuch-Inflation es frisst.

Da hilft weder Zeit noch Charme,
der Bürger spart sich gerade arm!

So fördert endlich Investieren,
statt uns Augen zuzuschmieren!

FinanzGedichte, 25.07.2021
Gedichtswunsch von @finanzblogroll_

QR 27: https://www.instagram.com/p/CRvwIHSHOuS/

Deine Gedanken zum FinanzGedicht?*

a) Wie hat dir dieses FinanzGedicht gefallen?

gar nicht :-(geht so :-| sehr gut :-D

b) Findest du, dass das Gedicht im passenden Kapitel steht?

      O nein, weil...   O ja

_____

_____

c) Was denkst du ist die Botschaft des Gedichts?

      O Pildi will sagen, dass...   O es gibt keine

_____

_____

d) Kannst du für Dich und Deine Finanzentscheidungen etwas aus dem Gedicht mitnehmen bzw. lernen?

      O ja, und zwar...   O nein

_____

_____

*Sende mir via Instagram gerne Deine Gedanken bzw. Deine Meinung zum FinanzGedicht und/oder diskutiere mit. Scanne dazu den QR-Code, auf dem Pildi sitzt!

Strukki - ein FinanzGedicht

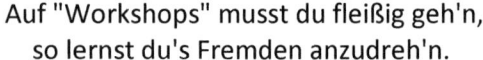

Du willst ein echter Strukki sein?
Mit diesen Tricks läuft's von allein:

Für den ersten Sale-Event,
verkauf's Verwandten ungehemmt.

Auf "Workshops" musst du fleißig geh'n,
so lernst du's Fremden anzudreh'n.

Tu das Produkt bei Freunden preisen,
und geh bald auf Incentive-Reisen.

Verwandle einen Freund zum Strukki,
und du wirst "Leader" rucki-zucki.

Läuft's bei euch beiden wunderbar,
erhälst du bald den *Silver-Star*!

Der fette Prunk samt Provision,
feiern im Produktpreis Inklusion.

So Berater, Makler einfach fragen,
WANN sie vom Verkauf WAS haben.

FinanzGedichte, 12.08.2021
Gedichtswunsch von @financehandmade / @meistermakler
QR 28: https://www.instagram.com/p/CSd65qas1Qk/

Deine Gedanken zum FinanzGedicht?*

a) Wie hat dir dieses FinanzGedicht gefallen?

gar nicht :-(geht so :-| sehr gut :-D

b) Findest du, dass das Gedicht im passenden Kapitel steht?

O nein, weil...   O ja

_____

_____

c) Was denkst du ist die Botschaft des Gedichts?

O Pildi will sagen, dass...   O es gibt keine

_____

_____

d) Kannst du für Dich und Deine Finanzentscheidungen etwas aus dem Gedicht mitnehmen bzw. lernen?

O ja, und zwar...   O nein

_____

_____

*Sende mir via Instagram gerne Deine Gedanken bzw. Deine Meinung zum FinanzGedicht und/oder diskutiere mit. Scanne dazu den QR-Code, auf dem Pildi sitzt!

Altersarmut - ein FinanzGedicht

Ihr größter Freund ist Niedriglohn,
und langfristig die Inflation.

Mit Durchschnittslohn sie gerne funkt,
weil gibt jährlich nur nen Rentenpunkt.

Ein solcher 34 Euro Rente sind,
so lacht die Armut schon als Kind.

Und da im Alter nicht genug der Plagen,
feiert sie Steuern plus Sozialabgaben.

So tanzt die Armut auf dem Mist,
besonders wenn man weiblich ist.

FinanzGedichte, 30.09.2021
Gedichtswunsch von @ein_kleinesbisschen

QR 29: https://www.instagram.com/p/CYHIdTVsN67/

Deine Gedanken zum FinanzGedicht?*

a) Wie hat dir dieses FinanzGedicht gefallen?

gar nicht :-(geht so :-| sehr gut :-D

b) Findest du, dass das Gedicht im passenden Kapitel steht?

O nein, weil...   O ja

_____

_____

c) Was denkst du ist die Botschaft des Gedichts?

O Pildi will sagen, dass...   O es gibt keine

_____

_____

d) Kannst du für Dich und Deine Finanzentscheidungen etwas aus dem Gedicht mitnehmen bzw. lernen?

O ja, und zwar...   O nein

_____

_____

*Sende mir via Instagram gerne Deine Gedanken bzw. Deine Meinung zum FinanzGedicht und/oder diskutiere mit. Scanne dazu den QR-Code, auf dem Pildi sitzt!

Die Rente - ein FinanzGedicht

Die gesetzlich' Rente,
ist ne ziemlich mag're Ente.

Gefüttert nur mit trocken Brot,
der Blähbauch übertüncht die Not.

Will Rentner sich an ihr erlaben,
nagen schon Steuern und Sozialabgaben.

Verzehrt wird sie - das ist der Hohn,
vor allem von der Inflation.

Dieser reicht die karge Kost,
Rentnern fällt die Wurst durch's Rost.

FinanzGedichte, 13.10.2021
Gedichtswunsch von @mrscottyyy

QR 30: https://www.instagram.com/p/CYHb8RlsVLC/

Deine Gedanken zum FinanzGedicht?*

a) Wie hat dir dieses FinanzGedicht gefallen?

gar nicht :-(geht so :-| sehr gut :-D

b) Findest du, dass das Gedicht im passenden Kapitel steht?

    O nein, weil...   O ja

_____

_____

c) Was denkst du ist die Botschaft des Gedichts?

    O Pildi will sagen, dass...   O es gibt keine

_____

_____

d) Kannst du für Dich und Deine Finanzentscheidungen etwas aus dem Gedicht mitnehmen bzw. lernen?

    O ja, und zwar...   O nein

_____

_____

*Sende mir via Instagram gerne Deine Gedanken bzw. Deine Meinung zum FinanzGedicht und/oder diskutiere mit. Scanne dazu den QR-Code, auf dem Pildi sitzt!

Die Telekom - ein FinanzGedicht

Klingeling, wer spricht denn da?
Die Telekom; wie wunderbar!

Ja ich weiß vom Börsengang,
hab' aber kein Interesse dran.

Klingeling, jawohl ich höre?
Die Telekom mich wieder störe!

Es gibt ne zweite Emission?
Leider ist zu klein mein Lohn.

Klingeling, ich weiß wer da!
Zeichne 1000 Aktien - sonnenklar!

66 1/2 das Kaufgebot?
Ich verschulde mich zur Not!

Klingeling, wer mich beschert?
Die Bank: Telekom 10 Euro wert!

Betrug! Ich werde sofort klagen!
Anstatt mich selbst zu hinterfragen...

FinanzGedichte, 09.12.2021
QR 31: https://www.instagram.com/p/CY66fMmMj4j/

Deine Gedanken zum FinanzGedicht?*

a) Wie hat dir dieses FinanzGedicht gefallen?

gar nicht :-(geht so :-| sehr gut :-D

b) Findest du, dass das Gedicht im passenden Kapitel steht?

     O nein, weil...   O ja

_____

_____

c) Was denkst du ist die Botschaft des Gedichts?

     O Pildi will sagen, dass...   O es gibt keine

_____

_____

d) Kannst du für Dich und Deine Finanzentscheidungen etwas aus dem Gedicht mitnehmen bzw. lernen?

     O ja, und zwar...   O nein

_____

_____

*Sende mir via Instagram gerne Deine Gedanken bzw. Deine Meinung zum FinanzGedicht und/oder diskutiere mit. Scanne dazu den QR-Code, auf dem Pildi sitzt!

Deine Sicht auf Kapitel 3?

a) Welches Gedicht aus *diesem* Kapitel hat dir am besten gefallen?

Titel: _____

weil... _____

b) Wie würdest du einem Kind den Begriff „Lamentieren" erklären?

Lamentieren ist, _____

_____

_____

c) Hat sich **Deine** Sicht im Bereich Lamentieren durch das Kapitel in irgendeinem Punkt verändert?

      O ja, und zwar...   O nein

_____

_____

_____

d) Zeichne mithilfe von Pildi hier ein eigenes, kleines Bild zum Thema „Lamentieren"!

4. Investieren

Der Zufall - ein FinanzGedicht

Der beste Fonds in diesem Jahr?
5-Sterne-Rating - sonnenklar!

Dein Depot tut outperformen?
Der nächste Warren ist geboren!

Aktie im Plus Hundert Prozent?
Hast erkannt sofort den Trend!

Gut abgesichert mit Optionen?
Ei das tut sich richtig lohnen!

Dein KO-Put-Wert fällt und fällt?
Dich kennt bald die ganze Welt!

Jeder Trade läuft wie geschmiert?
Ein Börsenstar halt nie verliert!

Nur vor dem Hochmut denke klar,
schau', ob nicht alles Zufall war!

FinanzGedichte, 28.03.2021

QR 32: https://www.instagram.com/p/CM9LJ0BHHFU/

Deine Gedanken zum FinanzGedicht?*

a) Wie hat dir dieses FinanzGedicht gefallen?

gar nicht :-(geht so :-| sehr gut :-D

b) Findest du, dass das Gedicht im passenden Kapitel steht?

     O nein, weil...   O ja

_____

_____

c) Was denkst du ist die Botschaft des Gedichts?

     O Pildi will sagen, dass...   O es gibt keine

_____

_____

d) Kannst du für Dich und Deine Finanzentscheidungen etwas aus dem Gedicht mitnehmen bzw. lernen?

     O ja, und zwar...   O nein

_____

_____

*Sende mir via Instagram gerne Deine Gedanken bzw. Deine Meinung zum FinanzGedicht und/oder diskutiere mit. Scanne dazu den QR-Code, auf dem Pildi sitzt!

Die Mietrendite - ein FinanzGedicht

Wenn der Makler rechnet vor,
musst du spitzen Aug' und Ohr:

Der Kaufpreis ist 400k,
die Rendite wunderbar!

24 Tausend Netto kalt,
6% das lohnt sich bald!

"Vergessen" nur ein Mini-Posten,
nämlich die Kaufnebenkosten.

Auch bei der Miete trügt der Schein,
denn "Netto" wird nicht Netto sein.

So rechne lieber selber vor,
oder man haut dich über's Ohr.

FinanzGedichte, 25.04.2021

QR 33: https://www.instagram.com/p/COFMZiSBCQQ/

Deine Gedanken zum FinanzGedicht?*

a) Wie hat dir dieses FinanzGedicht gefallen?

gar nicht :-(geht so :-| sehr gut :-D

b) Findest du, dass das Gedicht im passenden Kapitel steht?

   O nein, weil...   O ja

_____

_____

c) Was denkst du ist die Botschaft des Gedichts?

   O Pildi will sagen, dass... O es gibt keine

_____

_____

d) Kannst du für Dich und Deine Finanzentscheidungen etwas aus dem Gedicht mitnehmen bzw. lernen?

   O ja, und zwar...   O nein

_____

_____

*Sende mir via Instagram gerne Deine Gedanken bzw. Deine Meinung zum FinanzGedicht und/oder diskutiere mit. Scanne dazu den QR-Code, auf dem Pildi sitzt!

Odysseus-Investor - ein FinanzGedicht

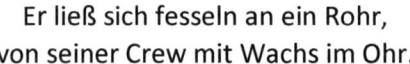

Odysseus wusste schon Bescheid;
vor Emotionen bist Du nie gefeit.

Vor den Rufen der Sirenen,
wusste er sich zu benehmen:

Er ließ sich fesseln an ein Rohr,
von seiner Crew mit Wachs im Ohr.

Nicht einmal ihr schönstes Singen,
konnte ihn vom Weg abbringen.

Die Sirenen gibt's nicht mehr;
sie kommen anders heut' daher:

Odysseus wäre heut ein Depp,
hätte er 'ne Broker-App.

Und bei Medienhype und Foren,
hätte er auf Wachs geschworen.

FinanzGedichte, 02.05.2021
QR 34: https://www.instagram.com/p/COXQZCyBhWk/

Deine Gedanken zum FinanzGedicht?*

a) Wie hat dir dieses FinanzGedicht gefallen?

gar nicht :-(geht so :-| sehr gut :-D

b) Findest du, dass das Gedicht im passenden Kapitel steht?

O nein, weil...   O ja

_____

_____

c) Was denkst du ist die Botschaft des Gedichts?

O Pildi will sagen, dass...   O es gibt keine

_____

_____

d) Kannst du für Dich und Deine Finanzentscheidungen etwas aus dem Gedicht mitnehmen bzw. lernen?

O ja, und zwar...   O nein

_____

_____

*Sende mir via Instagram gerne Deine Gedanken bzw. Deine Meinung zum FinanzGedicht und/oder diskutiere mit. Scanne dazu den QR-Code, auf dem Pildi sitzt!

Nichtlinear - ein FinanzGedicht

"Der Markt macht 6 Prozent pro Jahr",
nur dass er diese jährlich macht,
heißt es hier und heißt es da,
ist noch lang nicht ausgemacht.

Wie beim Ketchup kommt erst nix,
verärgert suchst du schon die Schuld,
und am Ende kommt's dann fix,
es wird bestraft die Ungeduld.

Der Markt macht 6 Prozent im Jahr,
heißt es recht und falsch zugleich,
nur läuft er leider nichtlinear,
deshalb wird nicht jeder reich.

FinanzGedichte, 06.05.2021

QR 35: https://www.instagram.com/p/COhUngAtKxN/

88

Deine Gedanken zum FinanzGedicht?*

a) Wie hat dir dieses FinanzGedicht gefallen?

gar nicht :-(geht so :-| sehr gut :-D

b) Findest du, dass das Gedicht im passenden Kapitel steht?

      O nein, weil...   O ja

_____

_____

c) Was denkst du ist die Botschaft des Gedichts?

      O Pildi will sagen, dass...   O es gibt keine

_____

_____

d) Kannst du für Dich und Deine Finanzentscheidungen etwas aus dem Gedicht mitnehmen bzw. lernen?

      O ja, und zwar...   O nein

_____

_____

*Sende mir via Instagram gerne Deine Gedanken bzw. Deine Meinung zum FinanzGedicht und/oder diskutiere mit. Scanne dazu den QR-Code, auf dem Pildi sitzt!

Passiv aktiv - ein FinanzGedicht

Wer wählen kann hat oft die Qual,
so auch bei der Fondsauswahl:

Passiv soll mein Fonds anlegen,
da Aktiven überlegen.

Die Kosten sind dort minimal,
der Fonds damit schon fast frugal.

Da sagt mir mein bester friend,
"Kauf ETFs zum Mega-Trend!"

Durch "Gaming" und "Clean Energy",
bin ich nun verwirrt wie nie:

Lässt man nicht den Markt tarieren,
statt passiv zu Spekulieren?!

FinanzGedichte, 09.05.2021

QR 36: https://www.instagram.com/p/COpNFYmNbJO/

Deine Gedanken zum FinanzGedicht?*

a) Wie hat dir dieses FinanzGedicht gefallen?

gar nicht :-(geht so :-| sehr gut :-D

b) Findest du, dass das Gedicht im passenden Kapitel steht?

    O nein, weil...   O ja

_____

_____

c) Was denkst du ist die Botschaft des Gedichts?

    O Pildi will sagen, dass...   O es gibt keine

_____

_____

d) Kannst du für Dich und Deine Finanzentscheidungen etwas aus dem Gedicht mitnehmen bzw. lernen?

    O ja, und zwar...   O nein

_____

_____

*Sende mir via Instagram gerne Deine Gedanken bzw. Deine Meinung zum FinanzGedicht und/oder diskutiere mit. Scanne dazu den QR-Code, auf dem Pildi sitzt!

Dividendenstrategie - ein FinanzGedicht

Man kann es dreh'n und kann es wenden,
ich bin geil auf Dividenden!

Steht die Dividende an,
läuft es mir im Mund zusamm'n!

Gar jährlich eine Steigerung?!
Ich pupse vor Begeisterung!

Nur auf dem Konto eingegangen,
weiß ich nichts mit anzufangen!

Nun wird sie prompt reinvestiert,
nachdem die Steuer sie rasiert!

So schießt mancher sich ins Knie,
mit der Dividenden-Strategie.

FinanzGedichte, 15.07.2021
Gedichtswunsch von @tob_weiss

QR 37: https://www.instagram.com/p/CRVYoNnHxvZ/

Deine Gedanken zum FinanzGedicht?*

a) Wie hat dir dieses FinanzGedicht gefallen?

gar nicht :-(geht so :-| sehr gut :-D

b) Findest du, dass das Gedicht im passenden Kapitel steht?

    O nein, weil...   O ja

_____

_____

c) Was denkst du ist die Botschaft des Gedichts?

    O Pildi will sagen, dass...   O es gibt keine

_____

_____

d) Kannst du für Dich und Deine Finanzentscheidungen etwas aus dem Gedicht mitnehmen bzw. lernen?

    O ja, und zwar...   O nein

_____

_____

*Sende mir via Instagram gerne Deine Gedanken bzw. Deine Meinung zum FinanzGedicht und/oder diskutiere mit. Scanne dazu den QR-Code, auf dem Pildi sitzt!

A man is not a plan - ein FinanzGedicht

Du bist 'ne Frau die vieles kann,
nur Finanzen regelt rein der Mann.

Das ist alles schön und gut,
solange man Mann lieben tut.

Reicht dies zum Ende seiner Tage,
stellt sich eben dann die Frage:

"Wie komm' ich nun über die Runden,
beim Geld war ich an ihn gebunden!?"

Mach dich frei nicht nur am Strand,
Dein Geld gehört in Deine Hand!

Nun trau' dich an Finanzen ran,
das geht mit und ohne Mann!

FinanzGedichte, 08.07.2021
Gedichtswunsch von @family.finanzen

QR 38: https://www.instagram.com/p/CRDVeObH0Bm/

Deine Gedanken zum FinanzGedicht?*

a) Wie hat dir dieses FinanzGedicht gefallen?

gar nicht :-(geht so :-| sehr gut :-D

b) Findest du, dass das Gedicht im passenden Kapitel steht?

     O nein, weil...   O ja

_____

_____

c) Was denkst du ist die Botschaft des Gedichts?

     O Pildi will sagen, dass...   O es gibt keine

_____

_____

d) Kannst du für Dich und Deine Finanzentscheidungen etwas aus dem Gedicht mitnehmen bzw. lernen?

     O ja, und zwar...   O nein

_____

_____

*Sende mir via Instagram gerne Deine Gedanken bzw. Deine Meinung zum FinanzGedicht und/oder diskutiere mit. Scanne dazu den QR-Code, auf dem Pildi sitzt!

Vom Kleinkind zum Aktionär - ein FinanzGedicht

Es war einmal ein kleines Kind,
die Wiege schaukelte im Wind.

Wusste nichts von seinem Glück,
das später fiel auf es zurück.

Denn zur Geburt wurd' als Präsent,
ein Aktien-Korb dem Kind geschenkt.

So wurden aus zum Start 5k,
rund 20 als es achtzehn war.

"Vermögen bilden ist nicht schwer!"
und es blieb fortan Aktionär.

Und wenn's zur Rente nicht gestorben,
sind 640.000 Euro draus geworden.

FinanzGedichte, 22.07.2021
Gedichtswunsch von @sparkatze_boersentiger

QR 39: https://www.instagram.com/p/CRnz19bn-O3/

Deine Gedanken zum FinanzGedicht?*

a) Wie hat dir dieses FinanzGedicht gefallen?

gar nicht :-(geht so :-| sehr gut :-D

b) Findest du, dass das Gedicht im passenden Kapitel
   steht?

   O nein, weil...   O ja

_____

_____

c) Was denkst du ist die Botschaft des Gedichts?

   O Pildi will sagen, dass...   O es gibt keine

_____

_____

d) Kannst du für Dich und Deine Finanzentscheidungen
   etwas aus dem Gedicht mitnehmen bzw. lernen?

   O ja, und zwar...   O nein

_____

_____

*Sende mir via Instagram gerne Deine Gedanken bzw. Deine Meinung
zum FinanzGedicht und/oder diskutiere mit. Scanne dazu den QR-
Code, auf dem Pildi sitzt!

Der Marktzyklus - ein FinanzGedicht

Die Lok fährt über Berg und Tal,
so der Markt auch wieder mal.

Dort regiert Psychologie,
sie bildet Tal und Euphorie.

Dampft die Lok den Berg hinauf,
springen umso mehr darauf.

Kann man denn am Kessel spüren;
"WANN die Lok ins Tal wird führen?"

Fahrgäste denken nicht daran,
weil es steigt doch so schön an!

Dass nach Berg Tal kommen muss,
nennt der Kluge Marktzyklus.

Obwohl auch er das WANN nicht kennt;
tut er zu Beginn - was der Narr am End'.

FinanzGedichte, 05.07.2021
Gedichtswunsch von @finlog.blog

QR 40: https://www.instagram.com/p/CSL2oTQspRk/

Deine Gedanken zum FinanzGedicht?*

a) Wie hat dir dieses FinanzGedicht gefallen?

gar nicht :-(geht so :-| sehr gut :-D

b) Findest du, dass das Gedicht im passenden Kapitel steht?

O nein, weil...   O ja

_____

_____

c) Was denkst du ist die Botschaft des Gedichts?

O Pildi will sagen, dass...   O es gibt keine

_____

_____

d) Kannst du für Dich und Deine Finanzentscheidungen etwas aus dem Gedicht mitnehmen bzw. lernen?

O ja, und zwar...   O nein

_____

_____

*Sende mir via Instagram gerne Deine Gedanken bzw. Deine Meinung zum FinanzGedicht und/oder diskutiere mit. Scanne dazu den QR-Code, auf dem Pildi sitzt!

Das Finanzbuch - ein FinanzGedicht

Von Finanzen hast du keinen Plan?
Dann schaff dir ein Finanzbuch an!

Erst eins, dann zwei, dann drei, dann vier,
bald platzt vor Büchern deine Tür.

Denn, du wirst es selbst kaum fassen;
davon kannste Finger nimmer lassen.

Zuerst wächst nur dein Buchregal,
und dein Depot nur marginal.

Doch auf die Buch-Investition,
folgt alsbald dein gerechter Lohn.

So investiere ganz zentral,
stets in dein Human-Kapital.

FinanzGedichte, 23.09.2021
Gedichtswunsch von @bookoffinance

QR 41: https://www.instagram.com/p/CYHsanis3AT/

Deine Gedanken zum FinanzGedicht?*

a) Wie hat dir dieses FinanzGedicht gefallen?

gar nicht :-(geht so :-| sehr gut :-D

b) Findest du, dass das Gedicht im passenden Kapitel steht?

O nein, weil...   O ja

_____

_____

c) Was denkst du ist die Botschaft des Gedichts?

O Pildi will sagen, dass...   O es gibt keine

_____

_____

d) Kannst du für Dich und Deine Finanzentscheidungen etwas aus dem Gedicht mitnehmen bzw. lernen?

O ja, und zwar...   O nein

_____

_____

*Sende mir via Instagram gerne Deine Gedanken bzw. Deine Meinung zum FinanzGedicht und/oder diskutiere mit. Scanne dazu den QR-Code, auf dem Pildi sitzt!

When the river turns grey - ein FinanzGedicht

Stellst du dein eigener Berater dar,
ist der Beratungsfluss glasklar.

Du kannst bis auf den Grund gut seh'n,
und Gefahren aus dem Wege geh'n.

Bei fremder Hilfe dann und wann,
das Wasser trüber werden kann.

Gibst du die Kontrolle ganz away,
turns ab dort der river grey.

Dein Finanzhirn liegt gar außer Haus,
pechschwarz sieht nun das Wasser aus.

So eigne dir das Wissen an,
damit dein Fluss klar fließen kann.

FinanzGedichte, 05.12.2021
Gedichtswunsch von @shxeparada
QR 42: https://www.instagram.com/p/CYb6J0yMjod/

Deine Gedanken zum FinanzGedicht?*

a) Wie hat dir dieses FinanzGedicht gefallen?

gar nicht :-(geht so :-| sehr gut :-D

b) Findest du, dass das Gedicht im passenden Kapitel steht?

      O nein, weil...   O ja

_____

_____

c) Was denkst du ist die Botschaft des Gedichts?

      O Pildi will sagen, dass...   O es gibt keine

_____

_____

d) Kannst du für Dich und Deine Finanzentscheidungen etwas aus dem Gedicht mitnehmen bzw. lernen?

      O ja, und zwar...   O nein

_____

_____

*Sende mir via Instagram gerne Deine Gedanken bzw. Deine Meinung zum FinanzGedicht und/oder diskutiere mit. Scanne dazu den QR-Code, auf dem Pildi sitzt!

FOMO-Sadness - ein FinanzGedicht

Das Ding geht ab wie 'ne Rakete,
mein Nachbar schmeißt schon eine Fete.

"Bist du denn noch nicht dabei!?"
Fragt dein Friseur ganz nebenbei.

Der Taximann fährt dich wohin,
"Bist' auch in der Aktie drin!?"

Zum Kaffeekranz bei deiner Oma;
vor Rendite fällt sie fast ins Koma.

Jeder kauft - sogar dein Dad,
und du fühlst dich wirklich sad.

Endlich fasst du dir ein Herz,
investierst wider den Schmerz.

So steil es stieg so fällt's nun laut;
zügle die Fear Of Missing Out!

FinanzGedichte, 20.05.2021
Gedichtswunsch von @crypto_qicy

QR 43: https://www.instagram.com/p/CPGKQAntGMd/

Deine Gedanken zum FinanzGedicht?*

a) Wie hat dir dieses FinanzGedicht gefallen?

gar nicht :-(geht so :-| sehr gut :-D

b) Findest du, dass das Gedicht im passenden Kapitel steht?

O nein, weil...   O ja

_____

_____

c) Was denkst du ist die Botschaft des Gedichts?

O Pildi will sagen, dass...   O es gibt keine

_____

_____

d) Kannst du für Dich und Deine Finanzentscheidungen etwas aus dem Gedicht mitnehmen bzw. lernen?

O ja, und zwar...   O nein

_____

_____

*Sende mir via Instagram gerne Deine Gedanken bzw. Deine Meinung zum FinanzGedicht und/oder diskutiere mit. Scanne dazu den QR-Code, auf dem Pildi sitzt!

> Deine Sicht auf Kapitel 4?

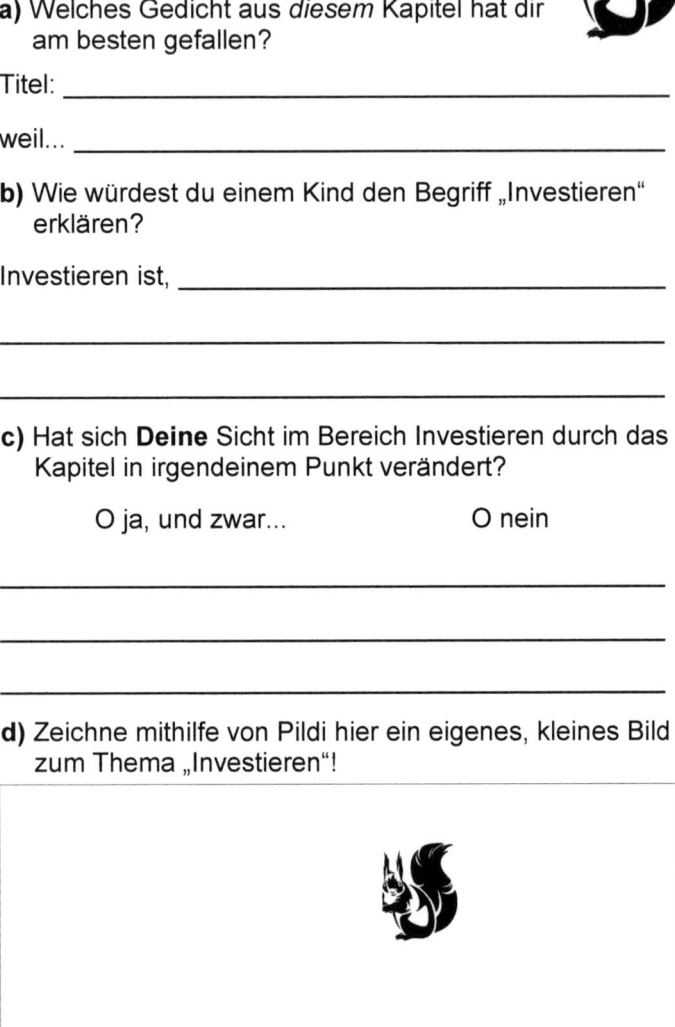

a) Welches Gedicht aus *diesem* Kapitel hat dir am besten gefallen?

Titel: _____

weil... _____

b) Wie würdest du einem Kind den Begriff „Investieren" erklären?

Investieren ist, _____

_____

_____

c) Hat sich **Deine** Sicht im Bereich Investieren durch das Kapitel in irgendeinem Punkt verändert?

      O ja, und zwar...   O nein

_____

_____

_____

d) Zeichne mithilfe von Pildi hier ein eigenes, kleines Bild zum Thema „Investieren"!

5. Spekulieren

Discount-Broker - ein FinanzGedicht

Discount-Broker sind im Trend;
refer gleich mal einen friend!

Dort gibt es alles kostenfrei;
in Scharen rennen sie herbei!

Denn diese Broker sind recht schlank;
und meist noch nicht mal eine Bank.

Nun bin ich skeptisch - leicht verwirrt,
ob's mit mehr Köchen billiger wird?

Egal, der Discount, der ist ziemlich nett;
nur leider gilt der nicht beim Spread.

Und da jeder Trade so billig ist,
kauf' ich jetzt gerne jeden Mist!

FinanzGedichte, 07.04.2021

QR 44: https://www.instagram.com/p/CNW3oPDhMPz/

Deine Gedanken zum FinanzGedicht?*

a) Wie hat dir dieses FinanzGedicht gefallen?

gar nicht :-(geht so :-| sehr gut :-D

b) Findest du, dass das Gedicht im passenden Kapitel steht?

O nein, weil...   O ja

_____

_____

c) Was denkst du ist die Botschaft des Gedichts?

O Pildi will sagen, dass...   O es gibt keine

_____

_____

d) Kannst du für Dich und Deine Finanzentscheidungen etwas aus dem Gedicht mitnehmen bzw. lernen?

O ja, und zwar...   O nein

_____

_____

*Sende mir via Instagram gerne Deine Gedanken bzw. Deine Meinung zum FinanzGedicht und/oder diskutiere mit. Scanne dazu den QR-Code, auf dem Pildi sitzt!

Die Rakete - ein FinanzGedicht

Als das Symbol sie auserkoren,
Lieblings-Emoji in Börsenforen.

Ob Gamestop oder AMC,
mit Rakete kauf' ich die!

Neues Kursziel - to the moon!
Ich steige ein, die startet nun!

Mit 'ner geilen Trading-App,
zockt sogar der größte Depp.

Wie Fliegen rund um einen Haufen,
alle Raketen-Aktien kaufen.

Nur wenn Otto sich um Aktien rauft...
Wer ihm die Rocket-Stocks verkauft?!

So schau, dass es dir nicht passiert,
und die Rakete explodiert!

FinanzGedichte, 30.03.2021

QR 45: https://www.instagram.com/p/CNCUIDzHqCR/

> Deine Gedanken zum FinanzGedicht?*

a) Wie hat dir dieses FinanzGedicht gefallen?

gar nicht :-(geht so :-| sehr gut :-D

$\Longrightarrow$

b) Findest du, dass das Gedicht im passenden Kapitel steht?

O nein, weil...   O ja

_____

_____

c) Was denkst du ist die Botschaft des Gedichts?

O Pildi will sagen, dass...   O es gibt keine

_____

_____

d) Kannst du für Dich und Deine Finanzentscheidungen etwas aus dem Gedicht mitnehmen bzw. lernen?

O ja, und zwar...   O nein

_____

_____

*Sende mir via Instagram gerne Deine Gedanken bzw. Deine Meinung zum FinanzGedicht und/oder diskutiere mit. Scanne dazu den QR-Code, auf dem Pildi sitzt!

Clean Energy ETF - ein FinanzGedicht

Mein ETF ist langweilig,
ich will den Rendite-Kick!

Der Finanz-Fluencer zeigt mir wie,
im Post geht's um "Clean Energy".

Der Name mich schon recht betört,
mal seh'n was da dazugehört:

Streuen ist ja nicht der Sinn,
sind auch nur 30 Werte drin!

Die größten zwei 20 Prozent;
na die liegen wohl im Trend!

Die Aktien klingen wunderbar,
Power, Hydro und Solar!

Getrackt wird auch per CFD,
die TER tut mir nicht weh!

Nur geht die Fantasie mal off,
zündet im Fonds der Wasserstoff.

FinanzGedichte, 15.04.2021
QR 46: https://www.instagram.com/p/CNrlUF9h5Vx/

Deine Gedanken zum FinanzGedicht?*

a) Wie hat dir dieses FinanzGedicht gefallen?

gar nicht :-(geht so :-| sehr gut :-D

b) Findest du, dass das Gedicht im passenden Kapitel steht?

    O nein, weil...   O ja

_____

_____

c) Was denkst du ist die Botschaft des Gedichts?

    O Pildi will sagen, dass...   O es gibt keine

_____

_____

d) Kannst du für Dich und Deine Finanzentscheidungen etwas aus dem Gedicht mitnehmen bzw. lernen?

    O ja, und zwar...   O nein

_____

_____

*Sende mir via Instagram gerne Deine Gedanken bzw. Deine Meinung zum FinanzGedicht und/oder diskutiere mit. Scanne dazu den QR-Code, auf dem Pildi sitzt!

FinanzFluencer - ein FinanzGedicht

Finanzen hab' ich im Programm,
auf Facebook, YouTube, Instagram.

Dick meine Fanbase wie Bud Spencer,
ich bin jetzt FinanzFluencer!

Da ich täglich muss was senden,
steh' ich voll auf Dividenden!

Für jeden Eingang gibt's nen Post,
auch Olaf freut sich wie 'ne Wurst.

In den Postings keine hates,
nur wöchentlich Depot-Updates!

Auf der Jagd nach Abonnenten?
Verlos' Nel Aktien, keine Renten!

Mancher Neuling fasziniert,
und so zum Spekulant mutiert!

Top FinanzFluencer geben acht,
wählen den Einfluss mit Bedacht.

FinanzGedichte, 17.04.2021
QR 47: https://www.instagram.com/p/CNwf8mSBwo1/

Deine Gedanken zum FinanzGedicht?*

a) Wie hat dir dieses FinanzGedicht gefallen?

gar nicht :-(geht so :-| sehr gut :-D

b) Findest du, dass das Gedicht im passenden Kapitel steht?

    O nein, weil...   O ja

_____

_____

c) Was denkst du ist die Botschaft des Gedichts?

    O Pildi will sagen, dass...   O es gibt keine

_____

_____

d) Kannst du für Dich und Deine Finanzentscheidungen etwas aus dem Gedicht mitnehmen bzw. lernen?

    O ja, und zwar...   O nein

_____

_____

*Sende mir via Instagram gerne Deine Gedanken bzw. Deine Meinung zum FinanzGedicht und/oder diskutiere mit. Scanne dazu den QR-Code, auf dem Pildi sitzt!

BTC - ein FinanzGedicht

BTC goes to the moon,
ich brauch' welche möglichst soon!

Kryptos kaufen fällt nicht schwer,
ich werd' Bitcoin-Millionär!

Ob Shitcoin oder BTC,
bisschen shit schadet doch nie!

Ich hodle Coins auf meiner App,
ein Cold-Wallet ist doch Nepp!

Derweil zahl' ich meine drinks,
durch posten meiner Refer-Links!

Nach Jahren endlich Millionär!
Nur warum ist mein wallet leer?!!

FinanzGedichte, 13.05.2021
Gedichtswunsch von @startedfromirgendwo
QR 48: https://www.instagram.com/p/COzmgScNeum/

Deine Gedanken zum FinanzGedicht?*

a) Wie hat dir dieses FinanzGedicht gefallen?

gar nicht :-(geht so :-| sehr gut :-D

b) Findest du, dass das Gedicht im passenden Kapitel steht?

O nein, weil...   O ja

_____

_____

c) Was denkst du ist die Botschaft des Gedichts?

O Pildi will sagen, dass...   O es gibt keine

_____

_____

d) Kannst du für Dich und Deine Finanzentscheidungen etwas aus dem Gedicht mitnehmen bzw. lernen?

O ja, und zwar...   O nein

_____

_____

*Sende mir via Instagram gerne Deine Gedanken bzw. Deine Meinung zum FinanzGedicht und/oder diskutiere mit. Scanne dazu den QR-Code, auf dem Pildi sitzt!

Faktor-"Investing" - ein FinanzGedicht

Die Marktrendite ist zu klein,
ich bau' mir jetzt nen Faktor ein!

Lieber Value oder Growth?
Ich nehm' beide also both!

So einfach das Rendite-Ernten,
Probleme gibt's nur im Entfernten:

Die volle Prämie zu verorten,
nur beim Gegenfaktor shorten.

So übrig bleibt ein Überschuss,
jener die Kosten tragen muss.

Weiß davon der letzte Depp,
ist der Faktor plötzlich weg.

"Doch es klappt im 5. Jahr!"
sprach der Narr des Zufalls wahr.

Jeder kann es leicht probieren;
nur es bleibt Faktor-SPEKULIEREN.

FinanzGedichte, 13.06.2021

QR 49: https://www.instagram.com/p/CYJJxHKMJh1/

Deine Gedanken zum FinanzGedicht?*

a) Wie hat dir dieses FinanzGedicht gefallen?

gar nicht :-(geht so :-| sehr gut :-D

b) Findest du, dass das Gedicht im passenden Kapitel steht?

    O nein, weil...   O ja

_____

_____

c) Was denkst du ist die Botschaft des Gedichts?

    O Pildi will sagen, dass...   O es gibt keine

_____

_____

d) Kannst du für Dich und Deine Finanzentscheidungen etwas aus dem Gedicht mitnehmen bzw. lernen?

    O ja, und zwar...   O nein

_____

_____

*Sende mir via Instagram gerne Deine Gedanken bzw. Deine Meinung zum FinanzGedicht und/oder diskutiere mit. Scanne dazu den QR-Code, auf dem Pildi sitzt!

LossPorn - ein FinanzGedicht

"Bitcoin-Kauf bei 50k,
mein Minus bis jetzt wunderbar!"

"Die Position in Palantir,
ist roter als das Tuch beim Stier!"

"Es läuft gerade wie geschmiert,
Enphase hat sich schön halbiert!"

"Ich hab nicht am Loss gespart,
Totalverlust mit Wirecard!"

"Wer im Depot das größte Loss,
der ist hier der LossPorn-Boss!"

FinanzGedichte, 19.05.2021
Gedichtswunsch von @startedfromirgendwo

QR 50: https://www.instagram.com/p/CPDqtfnN40Y/

Deine Gedanken zum FinanzGedicht?*

a) Wie hat dir dieses FinanzGedicht gefallen?

gar nicht :-(geht so :-| sehr gut :-D

b) Findest du, dass das Gedicht im passenden Kapitel steht?

O nein, weil...   O ja

_____

_____

c) Was denkst du ist die Botschaft des Gedichts?

O Pildi will sagen, dass...   O es gibt keine

_____

_____

d) Kannst du für Dich und Deine Finanzentscheidungen etwas aus dem Gedicht mitnehmen bzw. lernen?

O ja, und zwar...   O nein

_____

_____

*Sende mir via Instagram gerne Deine Gedanken bzw. Deine Meinung zum FinanzGedicht und/oder diskutiere mit. Scanne dazu den QR-Code, auf dem Pildi sitzt!

Shitcoins - ein FinanzGedicht

Wer läuft noch Bitcoin hinterher,
mit Shitcoins wirst du Millionär!

Denk dir einen Namen aus,
aber nicht Erwin oder Klaus!

Benenne deinen Coin nach Tieren,
soo süß, dass alle "investieren"!

Ob Esel-, Hähnchen- oder Schwoin-,
nur hinten dran muss immer "coin"!

Dann musst du noch eines tun;
nen Hashtag dran mit #tothemoon!

Dann beim Coin-Launch wie gewohnt,
schießt's den Schwoincoin Richtung Mond!

Bevor das Schwoin zu Boden fällt,
zieh' vor den Eseln raus dein Geld!

FinanzGedichte, 08.08.2021
Gedichtswunsch von @_mina.murray
QR 51: https://www.instagram.com/p/CSTsYMWs1n4/

Deine Gedanken zum FinanzGedicht?*

a) Wie hat dir dieses FinanzGedicht gefallen?

gar nicht :-(geht so :-| sehr gut :-D

b) Findest du, dass das Gedicht im passenden Kapitel steht?

O nein, weil...   O ja

_____

_____

c) Was denkst du ist die Botschaft des Gedichts?

O Pildi will sagen, dass...   O es gibt keine

_____

_____

d) Kannst du für Dich und Deine Finanzentscheidungen etwas aus dem Gedicht mitnehmen bzw. lernen?

O ja, und zwar...   O nein

_____

_____

*Sende mir via Instagram gerne Deine Gedanken bzw. Deine Meinung zum FinanzGedicht und/oder diskutiere mit. Scanne dazu den QR-Code, auf dem Pildi sitzt!

Glücksspiel - ein FinanzGedicht

Glücksspiel heißt das Spiel mit Glück,
nur meist kommst du mit Pech zurück.

Den Glück und Pech sind kalkuliert,
weshalb's Casino nie verliert.

Ähnlich ist es auch beim Lotto,
das spielt nur der letzte Otto.

Anders im realen Leben,
die Chancen hier nicht vorgegeben.

Der echte Zufall hier regiert,
so Unvorstellbares passiert.

Willst du deine Glücks-Chance heben;
starte Dinge, die vom Zufall leben.

FinanzGedichte, 16.09.2021
Gedichtswunsch von @finanzblogroll_

QR 52: https://www.instagram.com/p/CT4nf9kM3Ks/

Deine Gedanken zum FinanzGedicht?*

a) Wie hat dir dieses FinanzGedicht gefallen?

gar nicht :-(geht so :-| sehr gut :-D

b) Findest du, dass das Gedicht im passenden Kapitel
steht?

      O nein, weil...   O ja

_____

_____

c) Was denkst du ist die Botschaft des Gedichts?

      O Pildi will sagen, dass...   O es gibt keine

_____

_____

d) Kannst du für Dich und Deine Finanzentscheidungen
etwas aus dem Gedicht mitnehmen bzw. lernen?

      O ja, und zwar...   O nein

_____

_____

*Sende mir via Instagram gerne Deine Gedanken bzw. Deine Meinung
zum FinanzGedicht und/oder diskutiere mit. Scanne dazu den QR-
Code, auf dem Pildi sitzt!

Deine Sicht auf Kapitel 5?

a) Welches Gedicht aus *diesem* Kapitel hat dir am besten gefallen?

Titel: _____

weil... _____

b) Wie würdest du einem Kind den Begriff „Spekulieren" erklären?

Spekulieren ist, _____

_____

_____

c) Hat sich **Deine** Sicht im Bereich Spekulieren durch das Kapitel in irgendeinem Punkt verändert?

    O ja, und zwar...   O nein

_____

_____

_____

d) Zeichne mithilfe von Pildi hier ein eigenes, kleines Bild zum Thema „Lamentieren"!

Bonusgedicht für alle Freunde des Saarlandes

Saar-Wirtschaft - ein FinanzGedicht

Damals bekannt zu seinem Wohle,
das Saarland für die beste Kohle.

Heut' weiß Mann - von fern und nah,
der beste Stahl kommt von der Saar.

Der Saarländer damit vertraut,
und somit beste Schwenker baut.

Aufgrund seiner Zerspanungsliebe,
fertigt er auch beste Getriebe.

Außerdem ist hier der Ort,
an dem man baut den besten Ford.

Auch feinstes Hightech stammt von hier,
wie Lyoner und das beste Bier.

FinanzGedichte, 26.09.2021
Für alle Saar-Schaffer.

QR 53: https://www.instagram.com/p/CYbhMJ5sAXJ/

> Deine Sicht auf **das Buch***

a) Welches Gedicht aus dem *ganzen Buch* hat Dir am besten gefallen?

Titel: _____

b) Was sind aus **Deiner** Sicht die drei wichtigsten Denk-anstöße von Pildi im Buch? Nenne sie in Stichworten.

1 _____

2 _____

3 _____

c) Hat sich durch das Buch **Deine** Sicht auf manche Fi-nanzthemen verändert? Notiere **drei** falls möglich.

    O ja, und zwar bei den Themen...   O nein

_____

_____

d) Haben sich durch das Buch in Sachen Finanzen Dinge ergeben, die du in Zukunft für dich **persönlich ändern** willst?

    O ja, und zwar beim Thema...   O nein

_____

_____

_____

e) Würdest du das Buch weiterempfehlen? O ja O nein

*Du kannst mir Deine Sicht bzw. Meinung zum Buch gerne mitteilen. Schreibe mir einfach an: InvestierWieEinTier@t-online.de

C. Pildis Reklamenest

Der Investier' wie ein Tier Selbstlernkurs

Du willst noch mehr von Pildis Denkanstößen und erfahren, wie er beim emotionsgeschützten Investieren seiner Nüsse vorgeht? Dann wird dir der Investier' wie ein Tier Selbstlernkurs sicher gefallen und weiterhelfen!

Mithilfe von

Pildi dem Eichhörnchen
40 Aufgaben + Lösungen
30 QR-Codes
6 Testseiten + Lösungen
4 Schritt-für-Schritt Anleitungen
(ETFs finden/auswählen/besparen/kaufen)

→ nimmst du **Deine** Finanzen in **Deine** Hand,
→ findest du Deinen **Wunsch**-ETF,
→ und **beginnst** mit dem **Investieren!**

Daten:
Preis: 29,99 €
Seiten: 94
Seiten farbig: 29
Format: DIN A4
Cover: Softcover

Grobgliederung des Inhalts (gekürzter Auszug)

Interesse am Selbstlernkurs?

Das Buch gibt es bis dato *mit Absicht* nicht bei Amazon und Co., sondern „nur" in lokalen Buchhandlungen meiner Heimat, die in einer relativ strukturschwachen Region Arbeitsplätze schaffen und Fußgängerzonen beleben. Eine dieser Buchhandlungen ist die *Bücherhütte* von Beatrice:

Bücherhütte Wadern, Marktplatz 18, 66687 Wadern
https://www.buecherhuette-wadern.de/home.html

Du kannst den Selbstlernkurs ganz einfach...

a) in der Bücherhütte abholen,
b) oder dir **deutschlandweit zusenden** lassen.

Die **Bestellung** kannst du unkompliziert aufgeben per...

- E-Mail: info@buecherhuette-wadern.de
- oder Whatsapp bzw. Telefon: **06871-921150**

Es gehen sogar noch echte Menschen ran!
Im QR-Code findest du eine **vorgefertigte** E-Mail-Anfrage.

Sollte irgendetwas nicht funktionieren, kannst du dich per Mail auch direkt an mich wenden: InvestierWieEinTier@t-online.de

Deine Finanzen?
In die eigene Hand nehmen und investieren!
Die Kursreihe an der VHS Merzig-Wadern

Der Investier' wie ein Tier Selbstlernkurs ist natürlich nicht aus dem Nichts entstanden. Sein Ursprung liegt in meiner Tätigkeit als Dozent an der hiesigen Volkshochschule Merzig-Wadern, an der ich seit Jahren Präsenz- und Onlinekurse zum Thema Finanzen/Investieren halte und meine Erfahrungen teile. Dort motiviere ich die Teilnehmer für kleines Geld und ohne versteckte Interessenskonflikte dafür, ihre Finanzen in die eigene Hand zu nehmen und zeige Möglichkeiten mit ihren Vor- und Nachteilen auf – vor allem im Hinblick auf unsere Anlegerpsychologie. Das Ziel: Die Teilnehmer regeln am Ende ihre Finanzen und v. a. ihre Geldanlage selbstbestimmt und brauchen niemanden mehr außer sich selbst.

Wenn du Interesse hast, schau dir das Kursangebot gerne einmal über den QR-Code an. Die Kurse sind unabhängig voneinander buchbar. Alle Kurse gibt es auch als Online-Version. Daran kann jeder egal wo er/sie wohnt teilnehmen.

https://vhs-merzig-wadern.de/index.php/Unser_Semesterprogramm/Suche/Buchheit/36

Anmelden kannst du dich bei der VHS Merzig-Wadern entweder über die Website, telefonisch (06861/829100) oder auch per Mail an info@vhsmails.de Im QR-Code findest du eine vorgefertigte E-Mail, die du individuell anpassen kannst.

132

Der inves wie ein TIER.

Newsletter

Du hast immer noch nicht genug von Pildi, willst in Sachen Finanzen stets auf dem Laufenden bleiben und ca. alle 6 Wochen den **kostenlosen** Investier' wie ein Tier Finanz-Newsletter erhalten? Er behandelt Themen wie: Wichtige Neuigkeiten, Verrücktes aus der Finanzwelt, Anleger-Psychologie, Änderungen bei ETFs/Brokern/Banken/Steuern/Versicherungen und enthält wertvolle Denkanstöße. Natürlich kannst du dich jederzeit mit einer formlosen Nachricht wieder abmelden. Ich benutze **kein** Tracking-Programm o. Ä. Es ist ein einfacher E-Mail-Verteiler.

Sende mir einfach eine kurze E-Mail an:
InvestierWieEinTier@t-online.de

Noch bequemer: Scanne den QR-Code. Du erhältst eine vorgefertigte Mail und musst nur noch auf „Senden" drücken.

Themen aus dem Newsletter 8/2021 (Dez.):
0. Der Investier' wie ein Tier Selbstlernkurs - jetzt verfügbar!
1. Apropos Strukturvertrieb! Videoempfehlung!
2. Kasse verzockt Altersvorsorge von Rolf (78)
3. XTrackers stellt ETF einfach auf "nachhaltig" um! NoGo!
4. Wichtige Änderungen bei der DKB - es wird teuer. Oder nicht!?
5. WERBETROMMEL
6. Ein FinanzGedicht

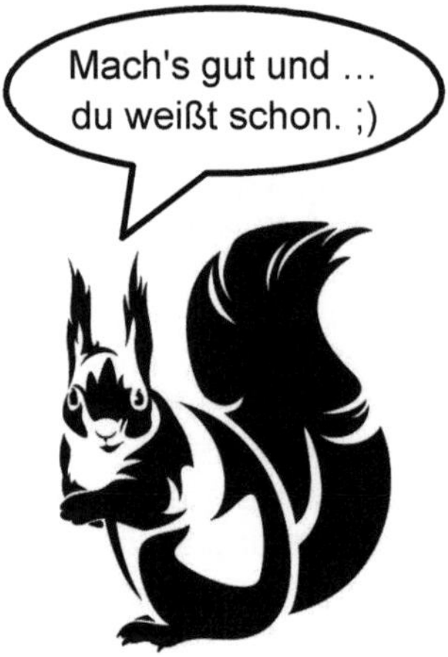
Mach's gut und ...
du weißt schon. ;)